MW00582936

Hi there, I am so glad that you have decided to work on my activity book out of all the other books that exists. Or maybe you only did that because it had some of your favorite Minecraft characters from our fan-fiction novels?

Either way, I am happy that you are here!

If this is your first activity book ever, then let me do a small introduction for you. Each page is random as there are coloring, counting, dot to dot, crosswords, word searches, and many more activities that are all filled with fun themes.

As you finish each one, you can feel free to pause to admire the work you have just completed! You can even cut out the page and hang it up on your wall!

Most importantly… this is supposed to be fun!
So, relax and enjoy the activities!

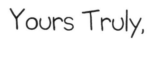
Yours Truly,

Mr. Crafty

Freeze!

Color them up!

 # Kaboom!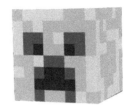

Find the words!!

C G R B B C T E

A R O O A B I X

G M E H G V G P

B H H E X I Q L

V U K J P T T O

M L V X K E E D

T N T Q P X R E

A L O B N A V V

| BOMB | TNT | EXPLODE | CREEPER |

It's Just Creepy

SPIDER   SKELETON   ZOMBIE   GHAST

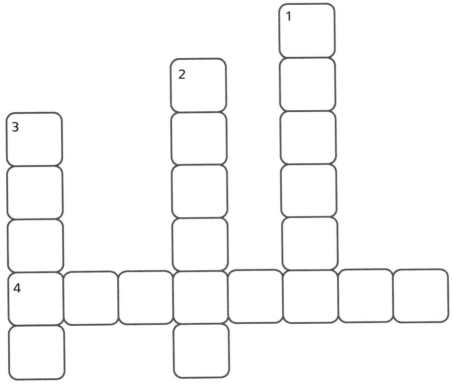

Across

4. I'm walking around with just bones.

Down

1. Yumm... BRAINS!
2. I've got 8 legs.
3. Floating around spitting fire!

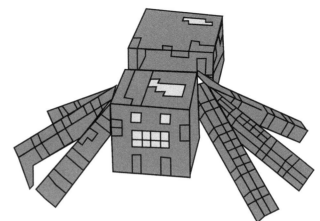

Who?

Join the dots to discover the character!

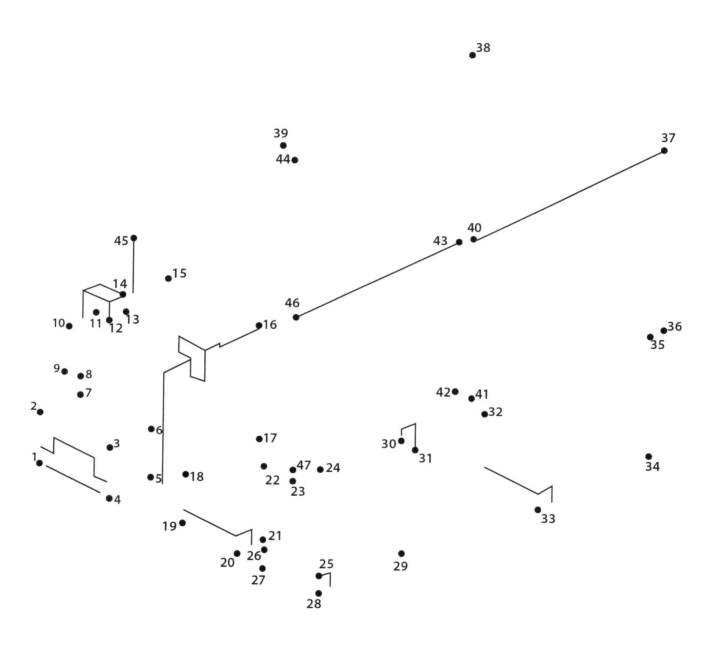

Image Addition

✏ Count both groups up to get the total.

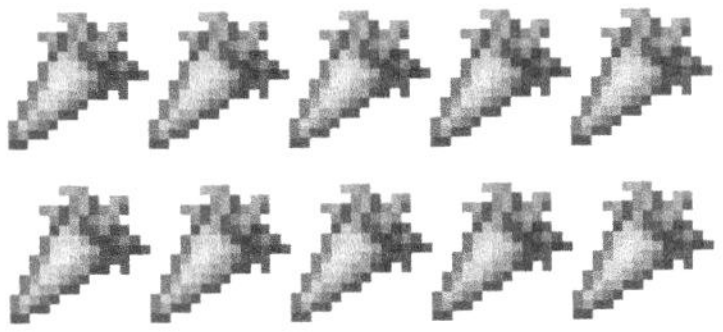

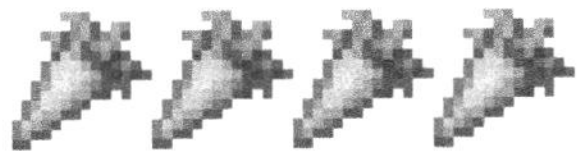

🥕🥕🥕🥕🥕
🥕🥕🥕🥕🥕 + 🥕🥕🥕🥕 = 14

🥕🥕🥕🥕🥕
🥕🥕🥕🥕🥕
🥕🥕🥕 + 🥕🥕🥕🥕
🥕🥕🥕 = ☐

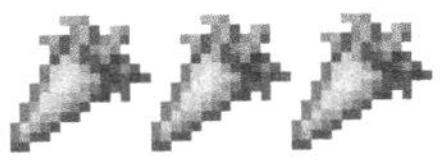

🥕🥕🥕 + 🥕🥕🥕🥕🥕 = ☐

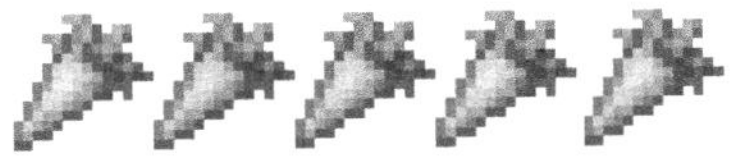

🥕🥕🥕🥕🥕
🥕🥕🥕🥕🥕
🥕🥕🥕🥕🥕 + 🥕🥕🥕🥕🥕
🥕🥕🥕🥕🥕
🥕 = ☐

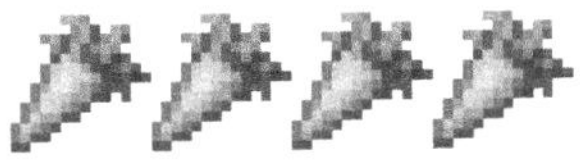

🥕🥕🥕🥕 + 🥕🥕🥕🥕🥕 = ☐

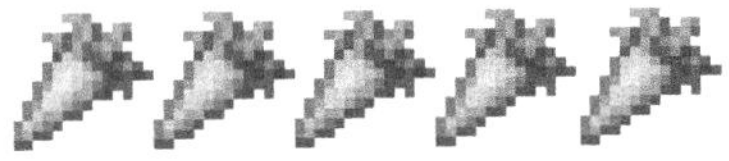

Find the Ocelot!

Who?

Join the dots to discover the character!

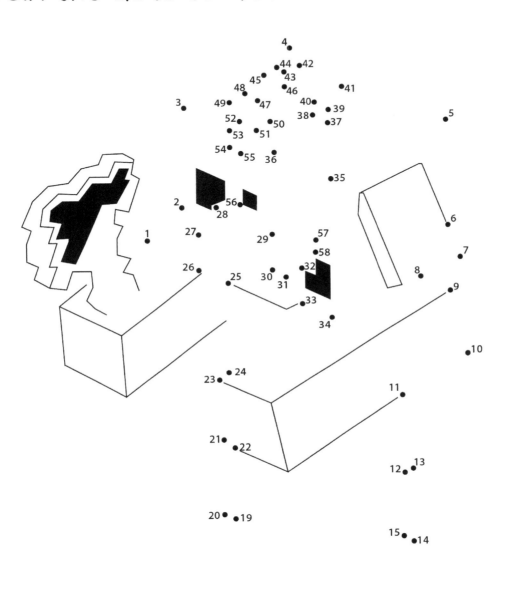

Marco's Redemption

Color it up!

Digging and Building

MINECRAFT   MINING   STRONGHOLD   TORCH

Across

1. Basically the same as digging.
2. Occur in the Overworld and may have an end portal.

Down

1. you can use me like a train on a rail.
3. You light me up to see in the dark.

Image Addition

✏️ Count both groups up to get the total.

[group of 14] + [group of 9] = $\boxed{23}$

[group of 13] + [group of 13] = $\boxed{}$

[group of 4] + [group of 7] = $\boxed{}$

[group of 8] + [group of 5] = $\boxed{}$

[group of 6] + [group of 10] = $\boxed{}$

[group of 18] + [group of 11] = $\boxed{}$

Help the Panda get food

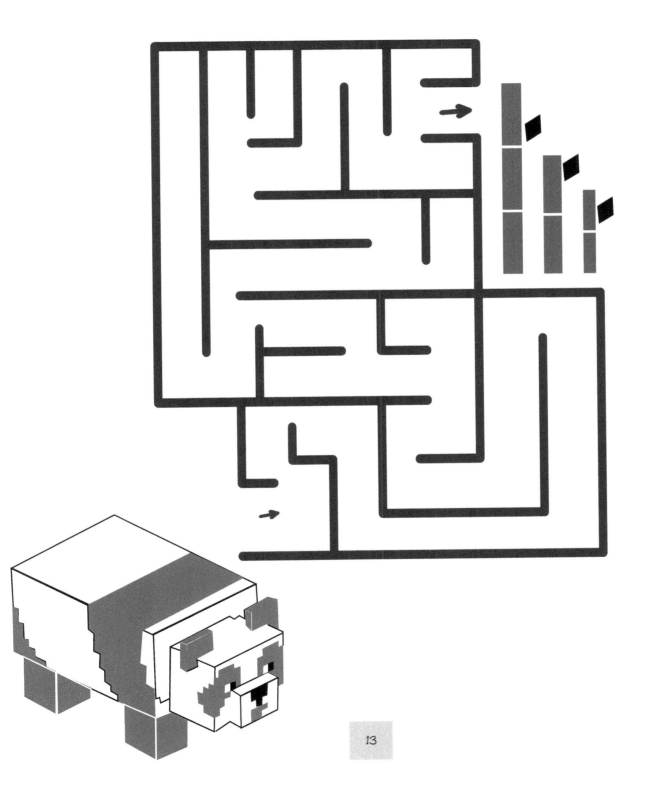

Steve's Statue

Color it up!

Who?

Join the dots to discover the character!

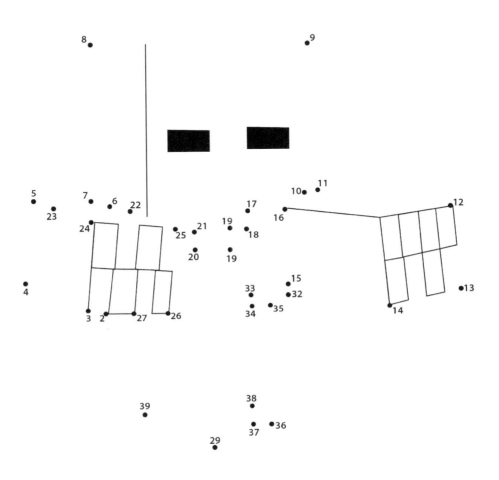

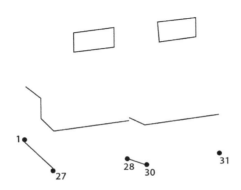

I'm Hungry

Find the words!!

```
S   I   B   H   K   H   F   T
O   T   R   G   C   G   O   K
E   I   E   U   J   O   S   M
D   C   A   A   R   K   D   K
X   O   D   T   K   H   K   T
O   X   E   A   P   P   L   E
C   E   N   D   S   X   I   D
B   M   P   L   G   B   J   Z
```

| APPLE | BEETROOT | BREAD | STEAK |

Lost Sheep

Sketchy Enderman

Color it up!

Some Random Stuff

DANDELION   BUCKET   BUTTON   APPLE   LAVA

Across

1. You use this to pick up stuff.
2. Also a yellow flower.
4. An _____ a day keeps the
 doctor away.

Down

1. I can provide you temporary
redstone power!
3. Hot Hot Hot Hot!

Image Subtraction

 Find the difference between the groups.

☆☆☆☆☆☆ ☆☆☆☆☆   -   ☆☆☆☆☆☆ | 6 |

☆☆☆☆☆☆ ☆☆☆☆☆☆ ☆☆☆   -   ☆☆☆☆☆☆☆ ☆☆☆☆☆☆☆ | |

☆☆☆☆☆☆☆ ☆☆☆☆☆☆☆ ☆☆☆☆☆☆☆ ☆☆   -   ☆☆☆☆☆☆☆ ☆☆☆☆☆☆☆ ☆☆☆☆☆☆☆ | |

☆☆☆☆☆☆ ☆☆☆☆☆☆   -   ☆☆☆☆☆☆☆ | |

☆☆☆☆☆☆ ☆☆☆☆   -   ☆☆☆☆☆☆ ☆☆☆ | |

Pig Maze

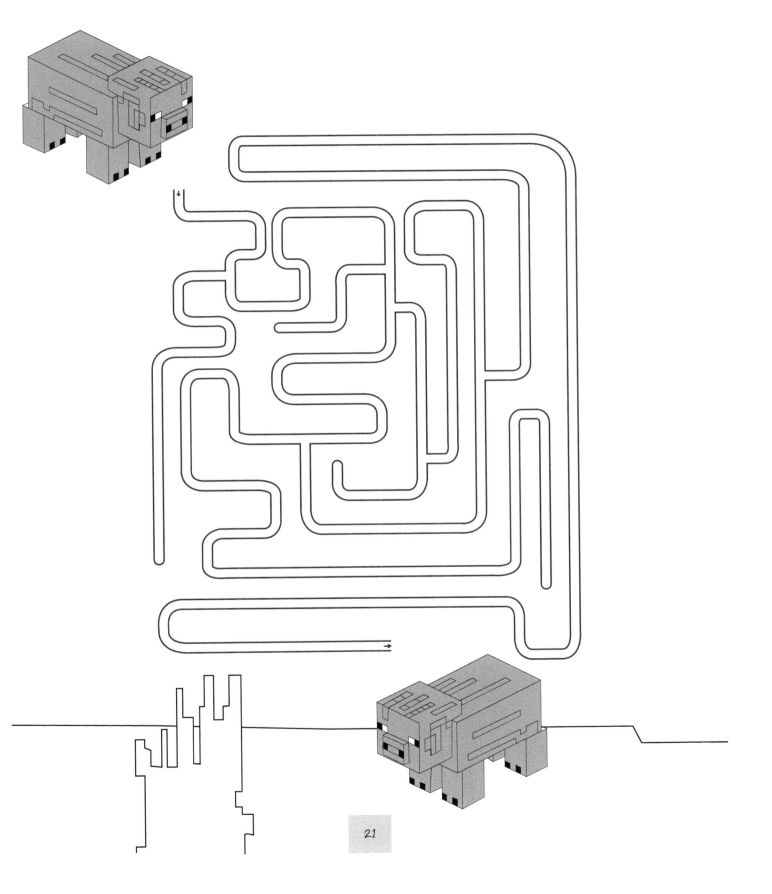

Villager Falls!

Color it up!

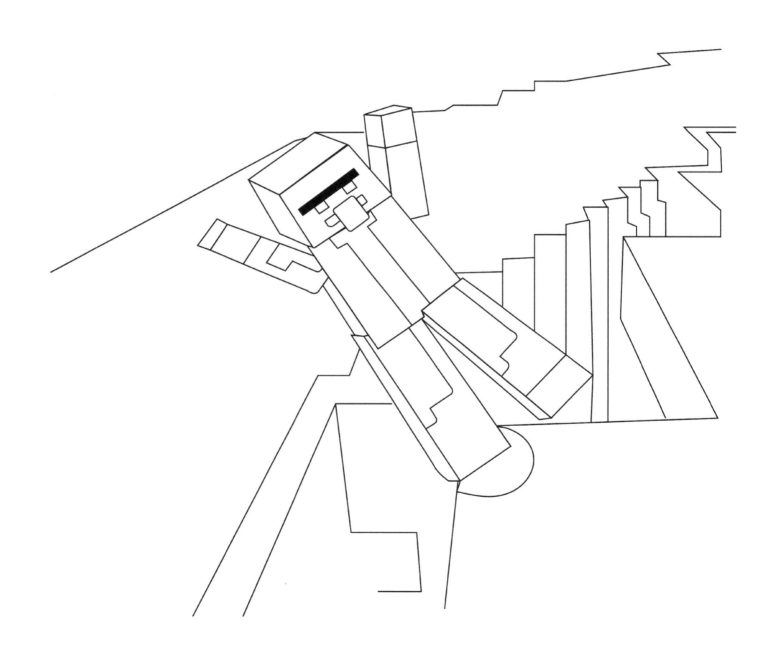

Crafting 101

Find the words!!

X L D X C F Y S

S T O O B H E H

Q N O H P X G I

C O M P A S S E

B C N K Q N B L

U V C H U S U D

J I T K H J T Q

P E J C V C G R

| BOOTS | COMPASS | PICKAXES | SHIELD |

Greater than, Less Than, or Equal?

✏️ Choose the 'greater than', 'less than', or 'equal to' signs to compare groups of hearts!

> means greater than   = means equal to   < means less than

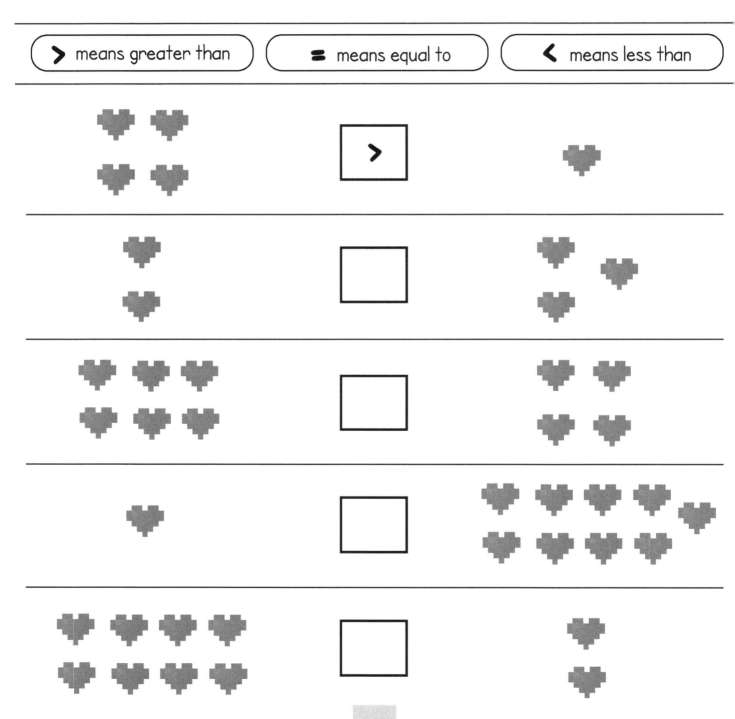

Hungry Wolf

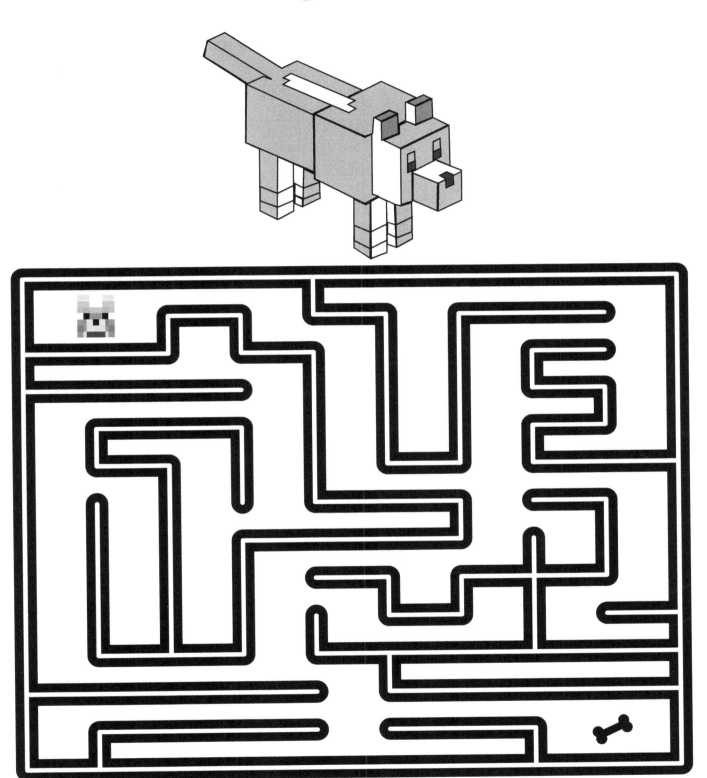

Who?

Join the dots to discover the character!

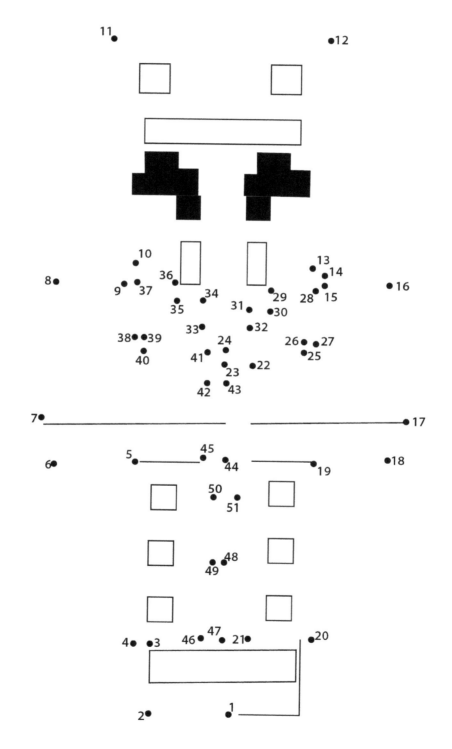

Happy Birthday!

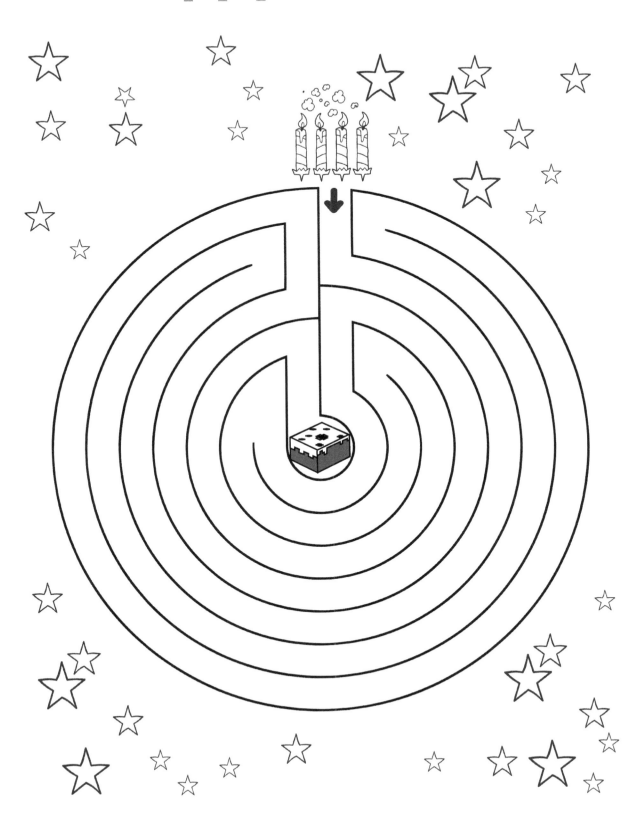

Run!

Color them up!

Types of Seeds

Find the words!!

T E J L D R J N

U O M H E C F I

Q T O H I U K K

I A T R R Y I P

M E E G T E X M

N P F V K E R U

W H E A T L E P

D C D N P N N B

BEETROOT   NETHER   PUMPKIN   WHEAT

Who?

Join the dots to discover the character!

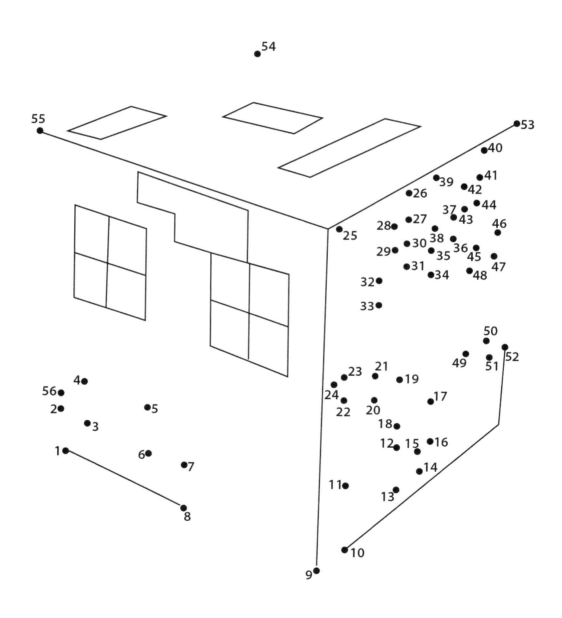

Count them up!

✏️ Count how many objects there are.

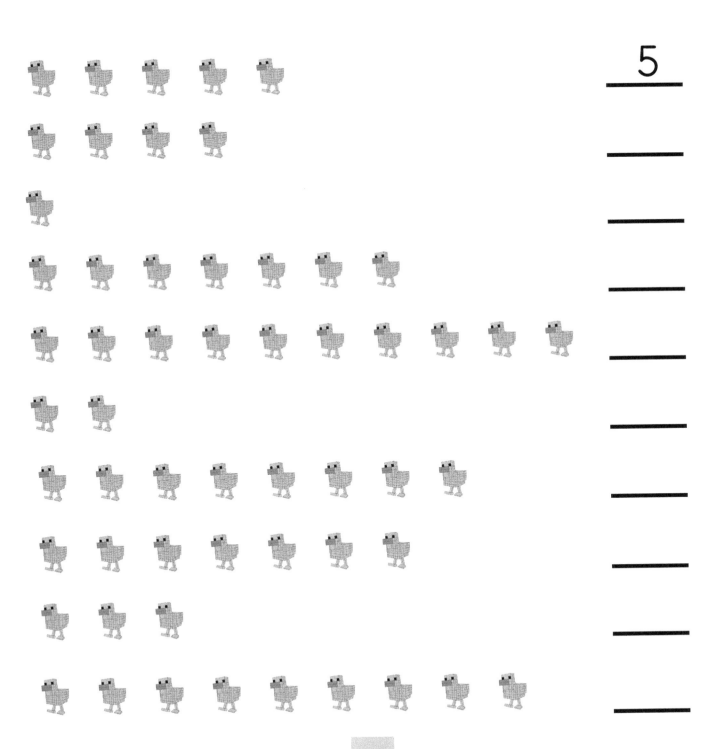

5

___

___

___

___

___

___

___

___

___

It's Time to Fight!

ARMOR   SWORD   SHIELD   TRIDENT   PICKAXE   CROSSBOW

Across

2. I can shoot further and with higher accuracy.
5. Defend yourself with a _____.
6. Everyone needs a plate of _____ around them.

Down

1. You can use me for up close and longer range combat.
3. Nice and sharp and considered a classic weapon.
4. A tool to mine blocks and ores.

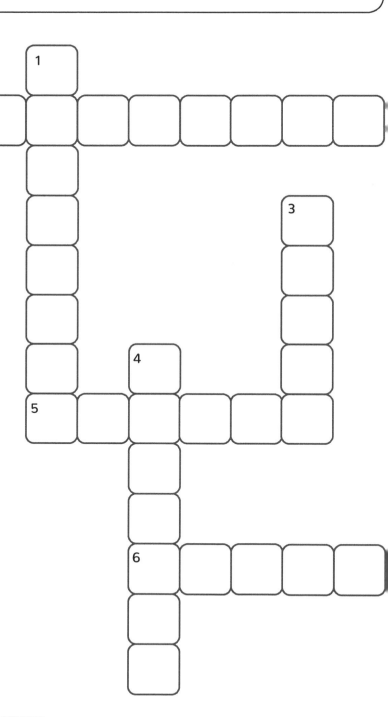

Spider Maze

Polar Bear

Color them up!

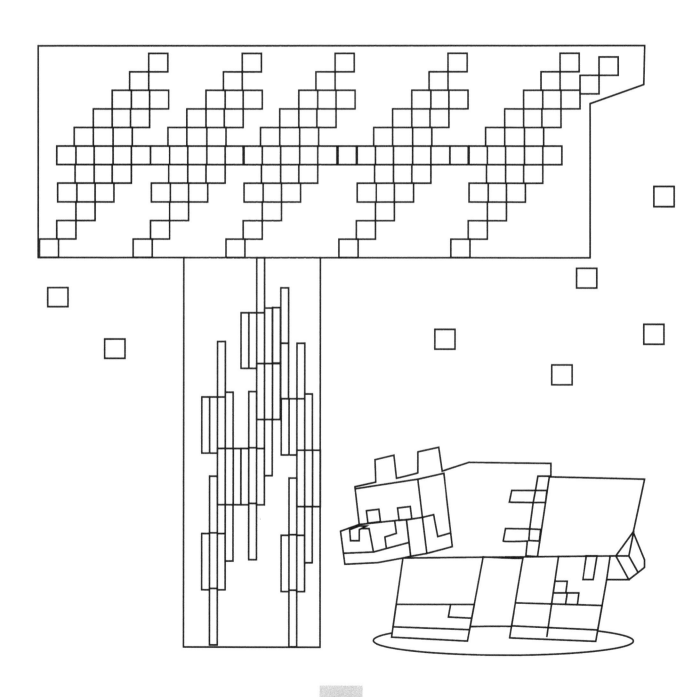

Who?

Join the dots to discover the character!

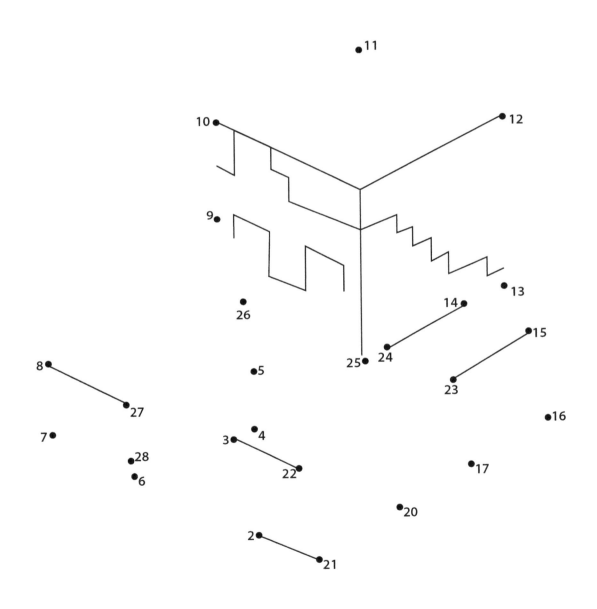

Plays Boss Music

Find the words!!

```
V  X  D  K  K  P  H  J  G  Y  R  W
V  O  U  I  R  Y  U  D  H  N  E  H
D  F  F  O  U  A  L  D  I  S  C  I
E  N  D  E  R  D  R  A  G  O  N  S
T  D  B  T  G  W  B  C  J  L  A  P
Q  G  S  G  I  D  I  Y  J  L  M  E
P  U  B  T  Y  Q  E  W  A  F  O  R
D  W  H  M  U  E  B  K  S  M  R  E
Y  E  I  H  X  M  N  P  E  L  C  R
R  V  U  N  W  W  I  N  O  W  E  D
T  Z  M  Z  K  P  Z  O  S  X  N  V
A  M  I  M  Q  E  R  H  W  X  S  X
```

ENDERDRAGON	NECROMANCER	WHISPERER	WITHER

36

Greater less or equal?

✏️ Choose the 'greater than', 'less than', or 'equal to' signs to compare groups of ocelots!

> means greater than	**=** means equal to	**<** means less than

4 [**=**] 🐱🐱🐱🐱

7 [ ] 🐱🐱🐱

3 [ ] 🐱🐱

1 [ ] 🐱🐱🐱🐱🐱

10 [ ] 🐱🐱🐱

2 [ ] 🐱🐱🐱🐱🐱🐱

9 [ ] 🐱

8 [ ] 🐱🐱🐱🐱🐱

6 [ ] 🐱🐱

5 [ ] 🐱🐱

Get the bee to the tree!

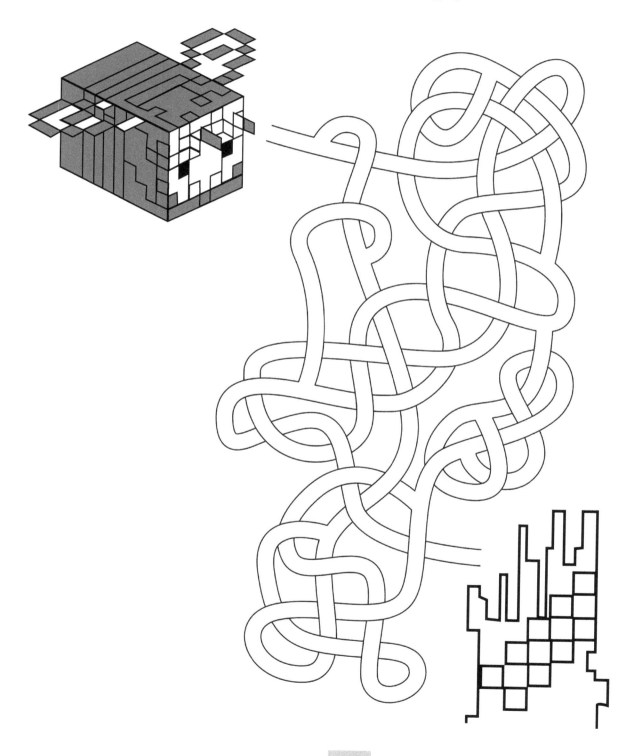

Spooky Time "oOoo"

Find the words!!

```
R L C E A M Y S H Y Y K
K E J T C E K K C P V H
N G D H A E B Q T J N X
E P M I L K Z M I Z L M
Q X U E P E G E W Z W W
P X T T O S U C G X G E
S O V C J K B K L C K O
N Y I V A J N C G C U L
Y Y N Q K P E I B M O Z
T H K X E H W L B O M L
R E R A U O T M O Y L Y
R H P H O D A I X A U A
```

SKELETON	SPIDER	WITCH	ZOMBIE

Who?

Join the dots to discover the character!

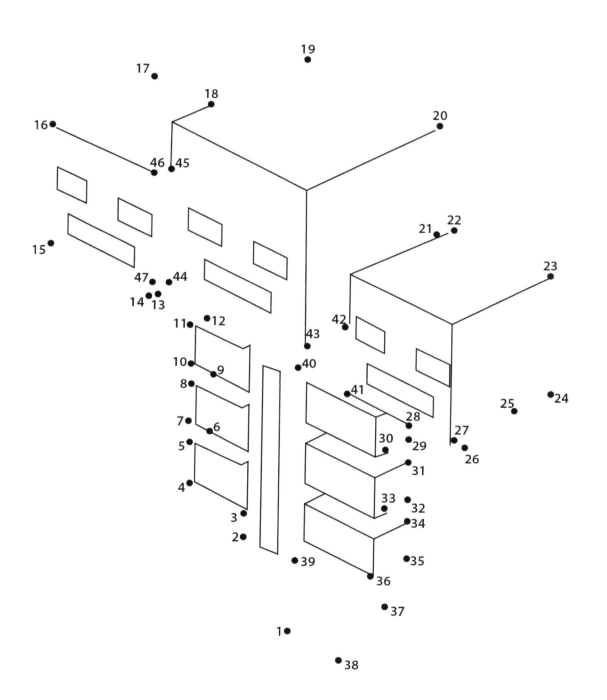

Ice Cream Addition

✏️ Add the cones together!

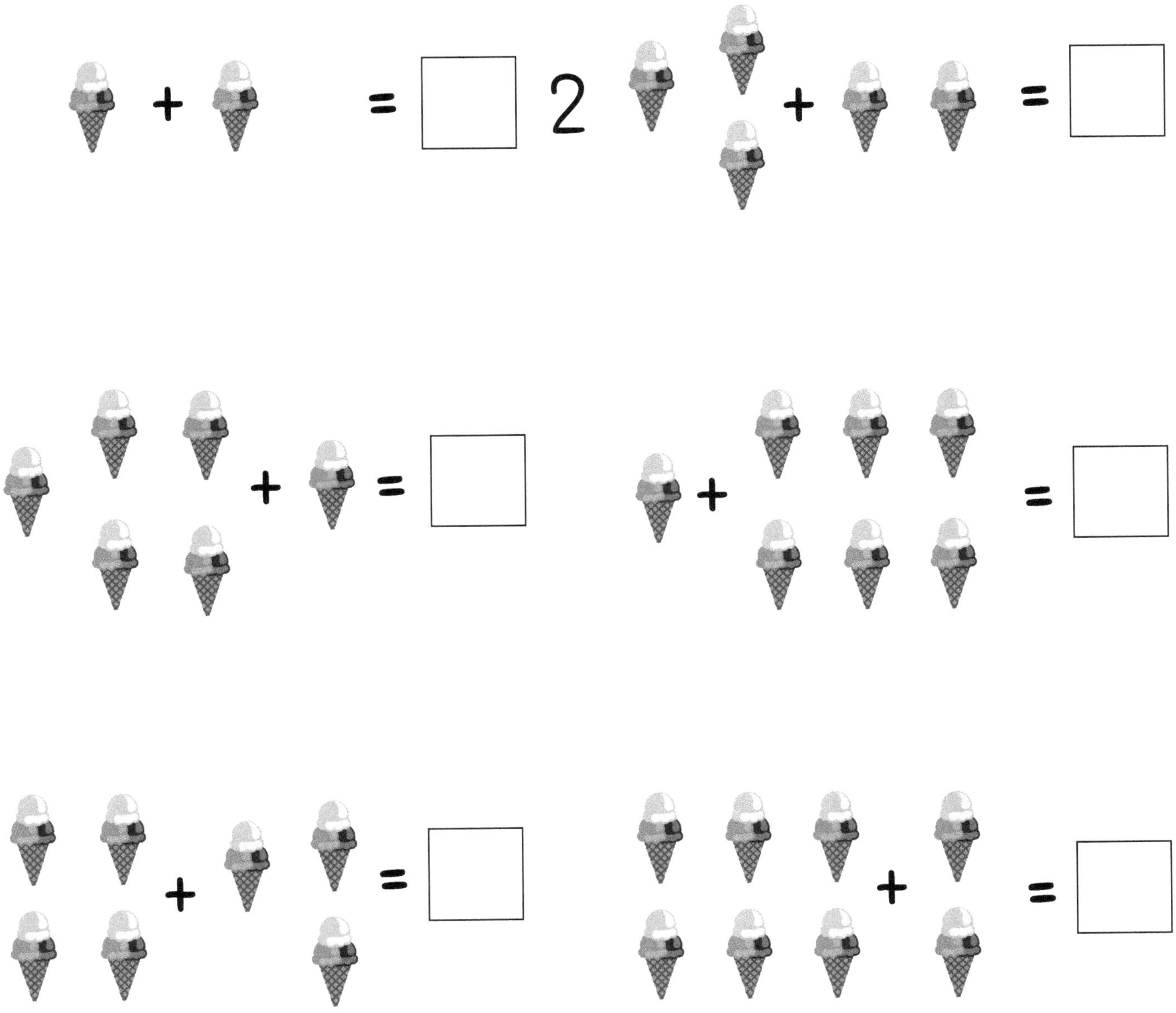

🍦 + 🍦 = ☐   2 🍦 + 🍦 = ☐

🍦 + 🍦 = ☐

🍦 + 🍦 = ☐

🍦 + 🍦 = ☐

🍦 + 🍦 = ☐

Three little pigs

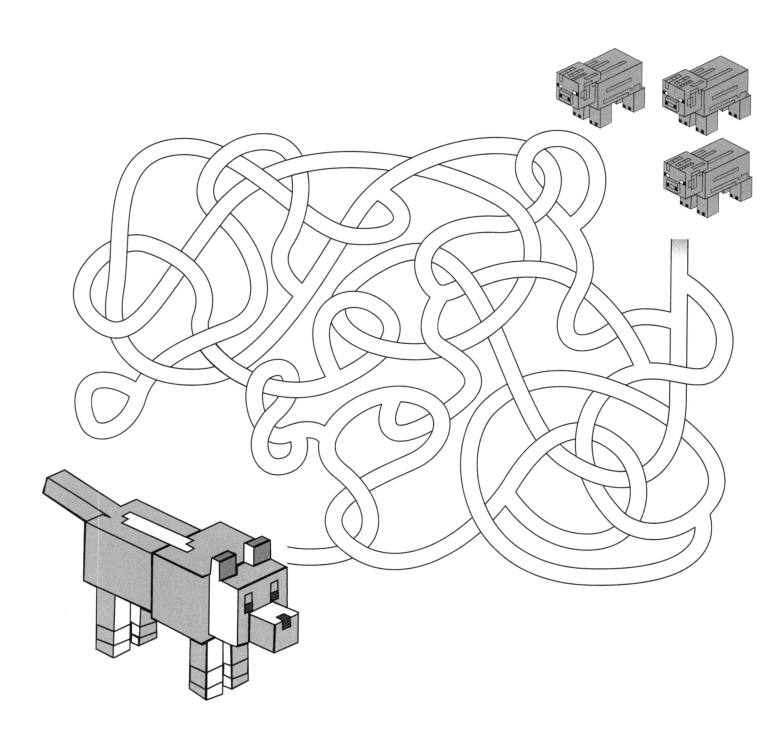

Who?

Join the dots to discover the character!

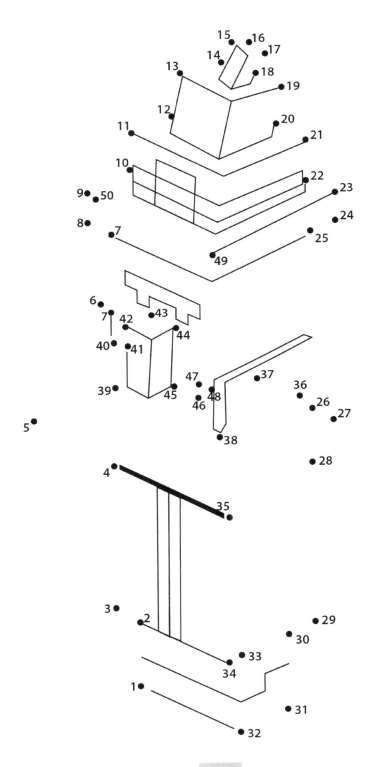

They're Harmless... Right?

 Find the words!!

W V O C C N M O D A Z A
F Z D N V J Z W R Y G I
S S L J I B R U E P N U
G O K H H H X Y U Z Q Z
O V I N Q Z P F Z F M V
P E E N J E F L E T Y T
S M E B Z E U E O L N H
U R B W R K D P M D P Q
I D J F E H M R M V U L
L N I D F V J S I H V I
C S N A M R E D N E N A
H I R U R X F C D I R Q

BEE   DOLPHIN   ENDERMAN   PUFFERFISH

Count them up!

✏️ Write in how many cows you see.

There are $\boxed{2}$ cows.

There are ☐ cows.

There are ☐ cows.

There are ☐ cows.

There are ☐ cows.

There are ☐ cows.

There are ☐ cows.

There are ☐ cows.

45

Feed the Ocelot!

Who?

Join the dots to discover the character!

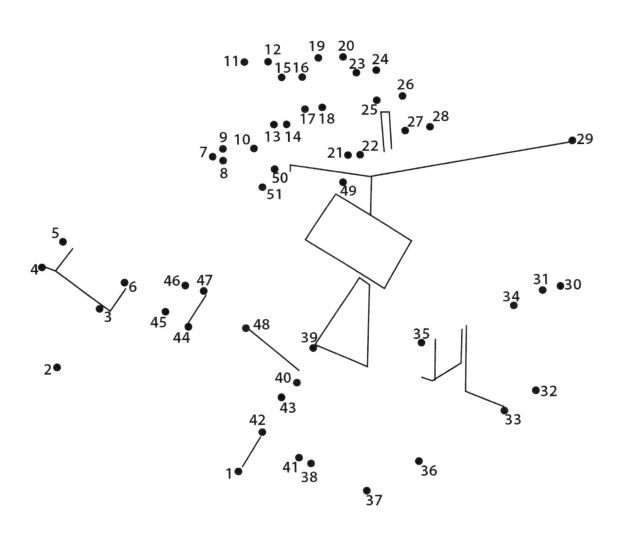

Different Blocks

Find the words!!

```
J F Y B X E R N F N K N Y P Y
N P B S U G U E L I E F P J J
T E F I W E F D P D R J X Q N
F Y H U Y C U O L N G O C K D
N F R V B B W O B G D C N K C
W D T A Q G G W I W Q G R A Y
C C F E H B A B Y G A M X K A
M Z W O B V Y T N Q A D R K G
D Y G I L S B P U I K J C R S
O P R P I H R M K A Z P G B A
A T U L A X Y Q Y Z K I V W K
P Q R M D T K J P L F J J Y R
S N I H P X G K U V H H K M Z
S T O N E J W D Y X G F G U T
T Z P J E J Y B C R A Z S R P
```

GOLDEN	IRON	STONE	WOODEN

48

Match the Tally!

✏️ Draw lines to match the dolphins to the tally marks.

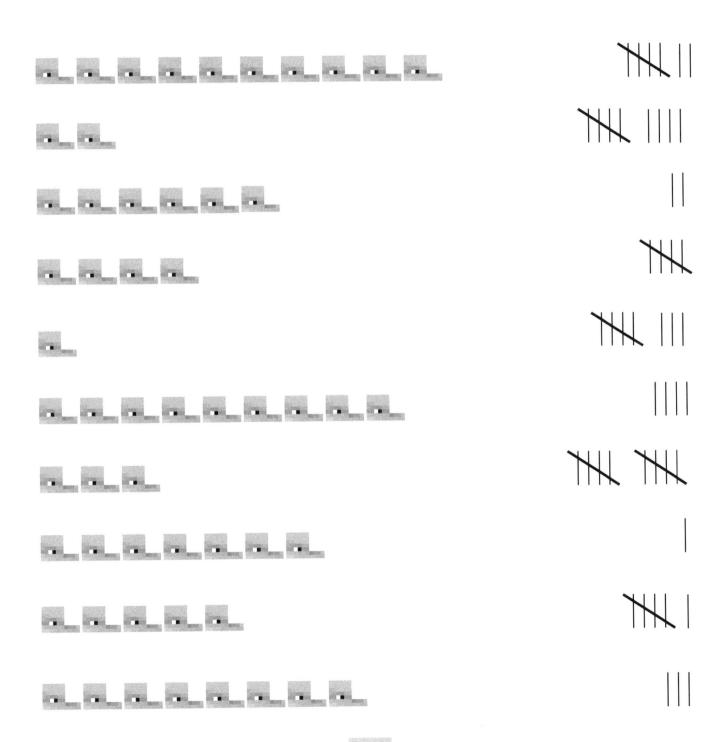

Search for the gold!

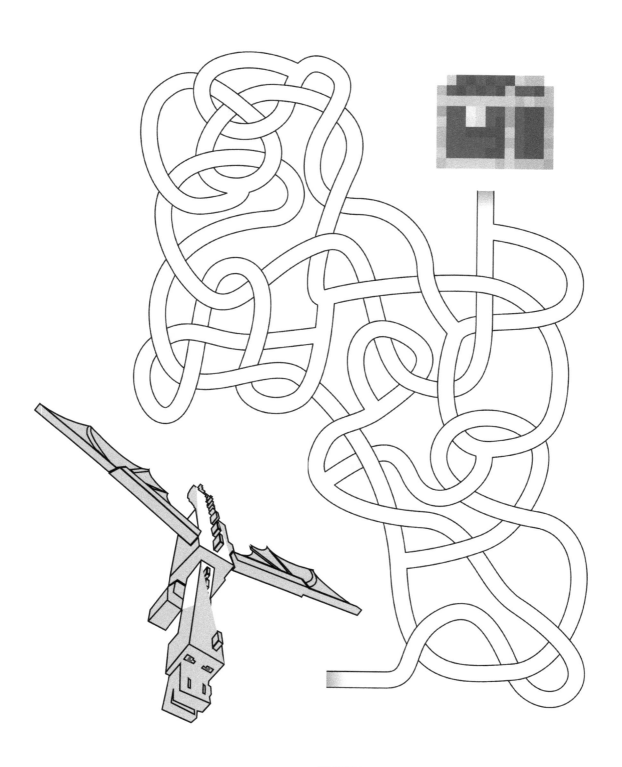

Baaaaah!

Color it up!

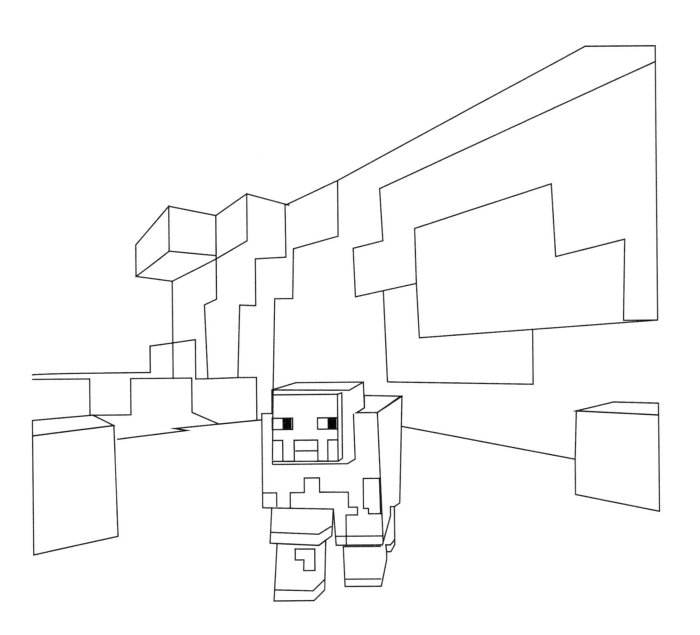

Who?

Join the dots to discover the character!

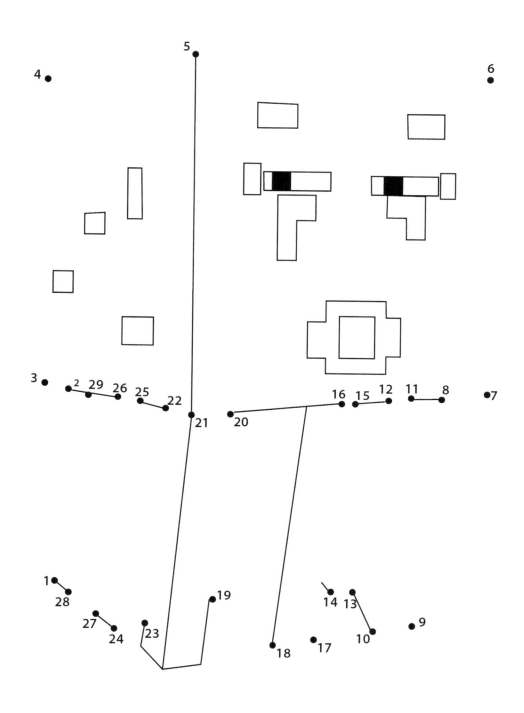

Retired Steve

Color it up!

More Items!

Find the words!!

```
F  G  C  S  C  R  Z  M  F  G  Q  O  C  K  X
S  D  L  J  H  G  S  D  P  N  N  D  W  H  V
O  J  A  L  M  N  A  D  O  Z  X  B  S  H  A
U  P  Y  U  N  S  P  O  Z  A  T  W  X  Z  Z
G  R  H  O  I  M  B  R  P  V  U  Q  S  X  M
V  R  R  I  G  S  R  J  K  Y  N  O  W  Q  L
B  V  P  C  Q  L  U  S  P  M  F  G  R  G  B
B  G  I  Z  E  H  G  C  N  N  D  Z  F  O  V
Y  O  R  I  H  L  X  V  J  L  F  F  O  F  C
B  V  W  H  J  Z  C  P  N  O  O  Y  L  F  Q
T  F  T  L  B  R  I  C  K  W  Y  C  H  T  F
E  Z  N  O  K  Y  D  M  J  C  O  V  H  R  X
I  I  C  O  B  I  T  U  X  A  J  C  R  T  T
S  U  V  J  N  Q  U  D  L  H  F  R  W  H  Z
F  C  I  X  L  O  W  Z  N  O  K  U  U  V  M
```

BOWL	COAL	BRICK	CLAY

54

Creepy Little Spider

Color it up!

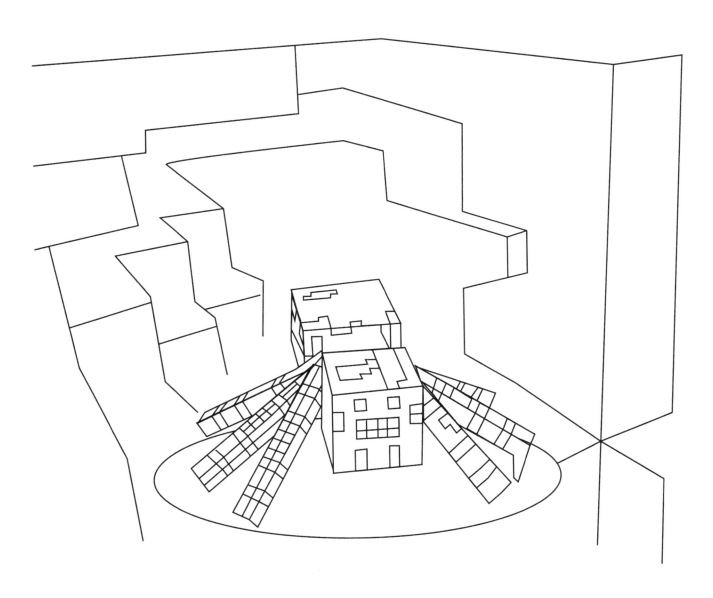

Who?

Join the dots to discover the character!

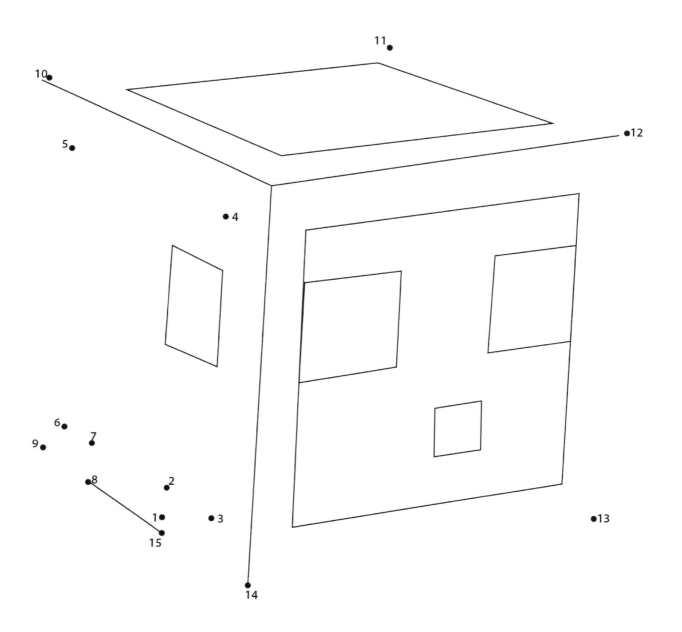

More, less or the same?

🖉 Decide whether one group of wolves has more, fewer, or the same number as another group. Circle the right option!

IS MORE THAN
(IS LESS THAN)
IS THE SAME AS

IS MORE THAN
IS LESS THAN
IS THE SAME AS

IS MORE THAN
IS LESS THAN
IS THE SAME AS

IS MORE THAN
IS LESS THAN
IS THE SAME AS

IS MORE THAN
IS LESS THAN
IS THE SAME AS

IS MORE THAN
IS LESS THAN
IS THE SAME AS

57

Llama

Color it up!

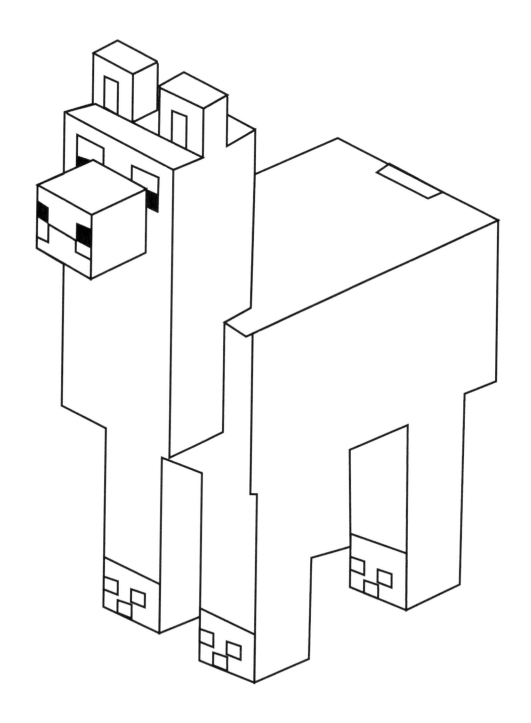

Feed the Turtle

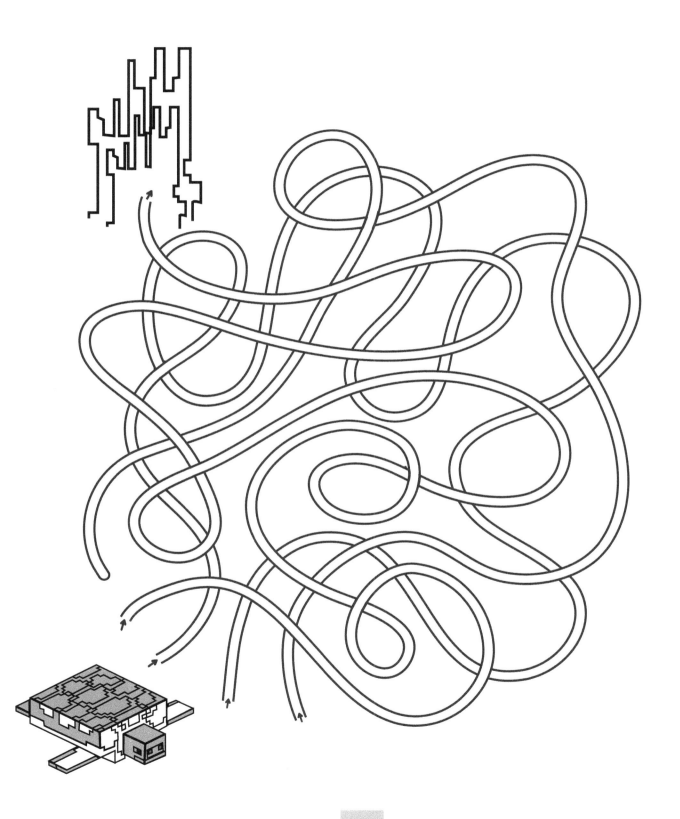

Marco's Defense!

Color them up!

Grapes Subtraction

✏️ Take the difference of the grapes!

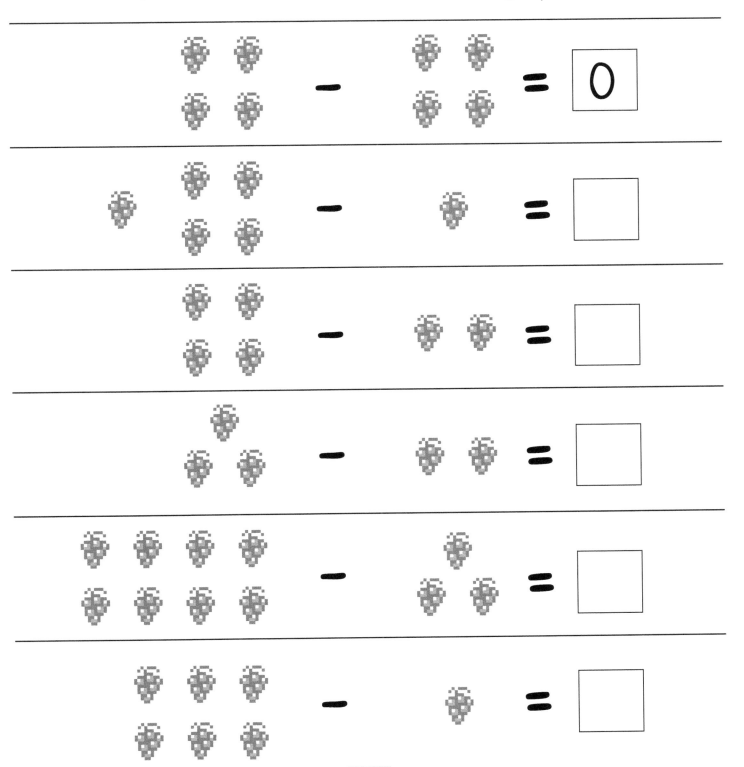

Mystery Door

Color it up!

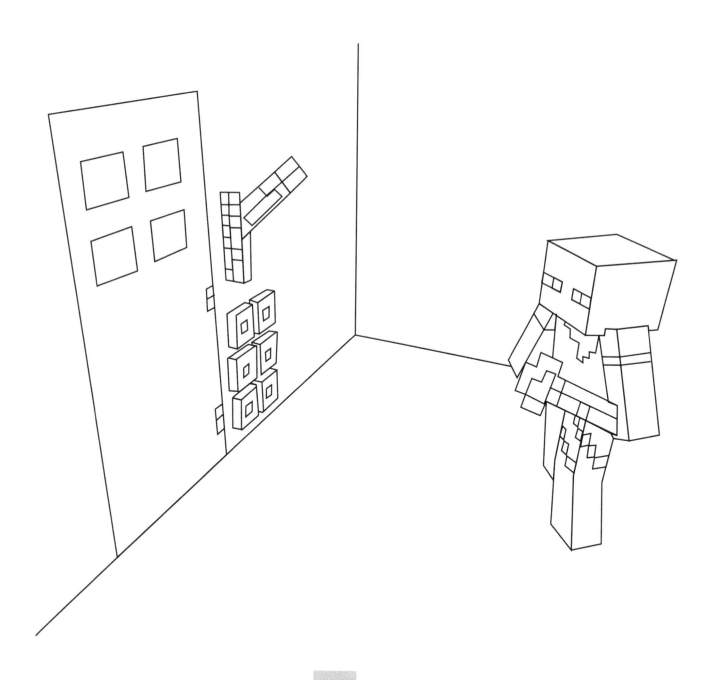

More Food!

Find the words!!

```
B C U C U J D Y C D P H K A C
C H A Z U J W F L A S F J R O
K K M U Y D Q J F R R O J H O
E Q I H A U U J N H M R X L K
L Q A C L O W N F I S H O U I
N K W W X T Q L O X I H N T E
R H V Y S K Z E C G P C E R S
W P M K T Q P N F W E E L X E
Z V N E V A X H W Z I O Q G Z
I O Y X D R E M Q P P A W P P
K X E Y I M T S P Z P M R V Z
P N Y V X S M B O R Z Y I I I
B U Z Q T C F U Y U L M B A G
O D W N N L B F D Y S V R N S
Z A Z V H I Q O I P W Z B W E
```

CAKE	CARROT	CLOWNFISH	COOKIE

What's in the box?

Color it up!

It Can't Get Any More Hostile Than This

CAVESPIDER   BLAZE   ENDERMITE   ENDERDRAGON   MAGMACUBE   VEX   VINDICATOR

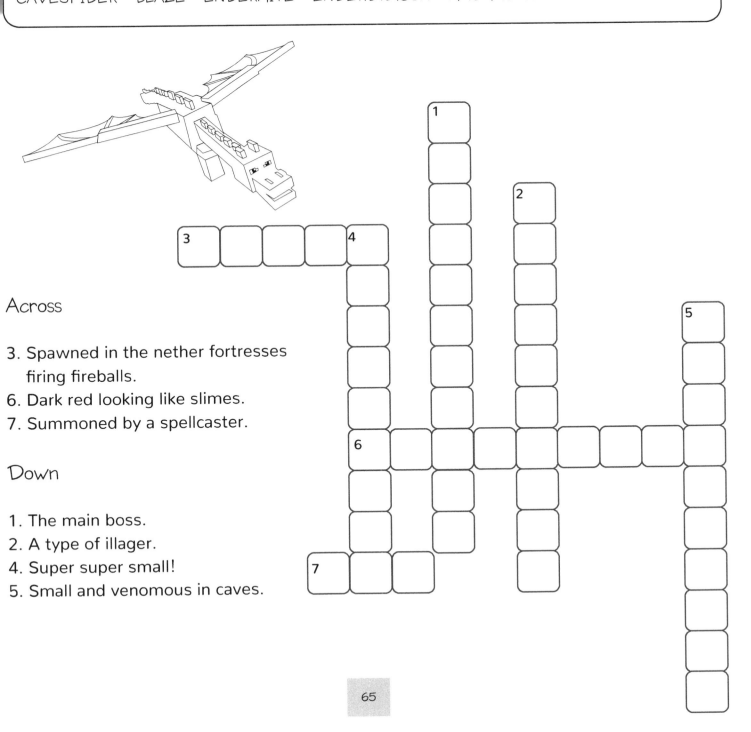

Across

3. Spawned in the nether fortresses firing fireballs.
6. Dark red looking like slimes.
7. Summoned by a spellcaster.

Down

1. The main boss.
2. A type of illager.
4. Super super small!
5. Small and venomous in caves.

What's going on?

Color it up!

Happy Wolf

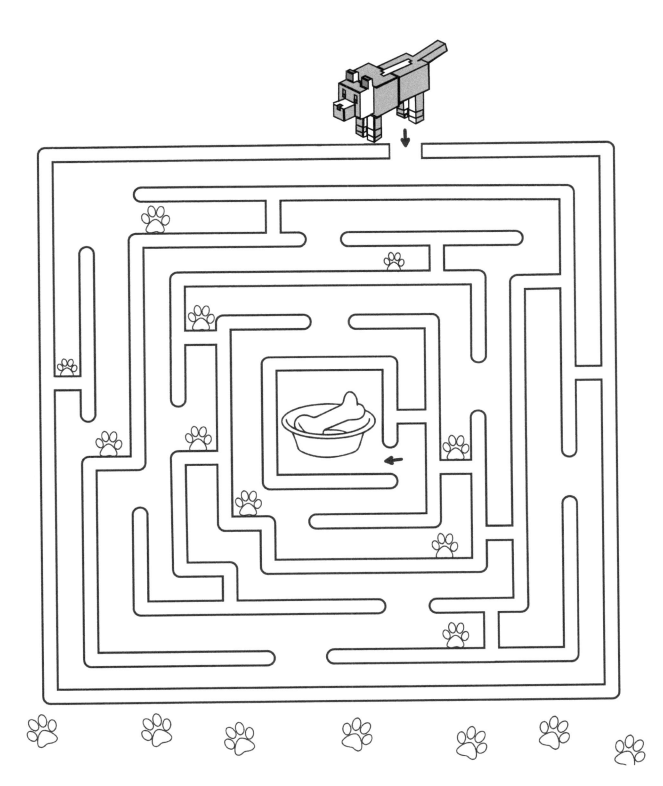

Bat

Color it up!

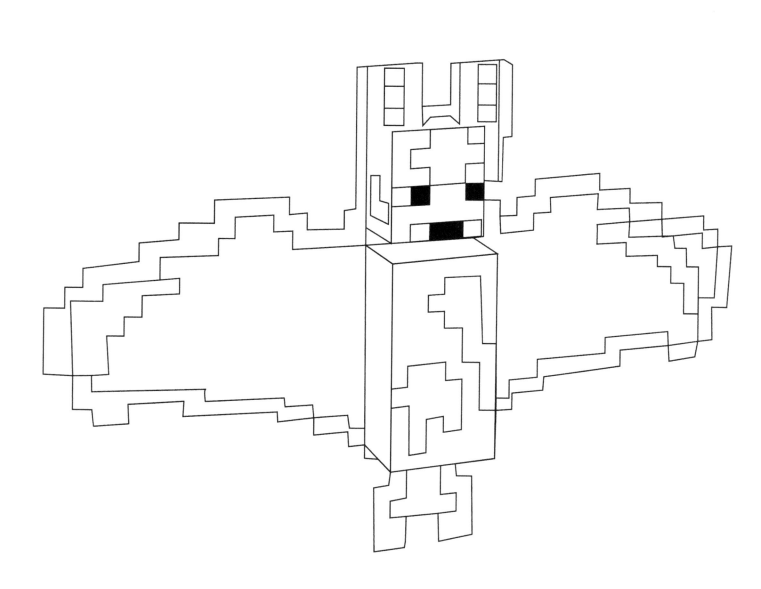

Types of Villagers

Find the words!!

```
I R E G A V A R O V J O
F L Z R J E A A P I V Y
I H L T E H F I J N W H
G E V U J K L L P D R R
G D M F S L O W X I M T
Y X B K A I F V S C H F
R Y R G X B O N E A C I
C W E Y M Q I N Q T M O
A R I G E X U R E O S Z
S C I R A W A Y U R H X
X Y S C K S Y D J W W K
N O K H R E P S Q R Z D
```

EVOKER   ILLUSIONER   PILLAGER   RAVAGER   VINDICATOR

69

Fox

Color it up!

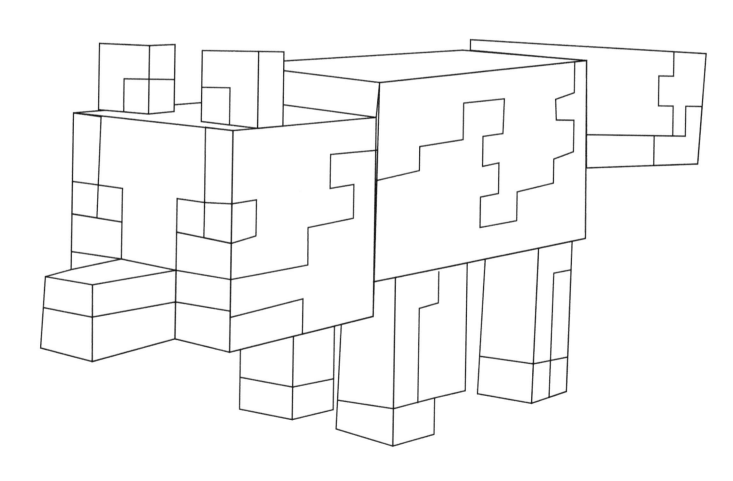

Match the Tally!

✏️ Draw lines to match the cherries to the tally marks.

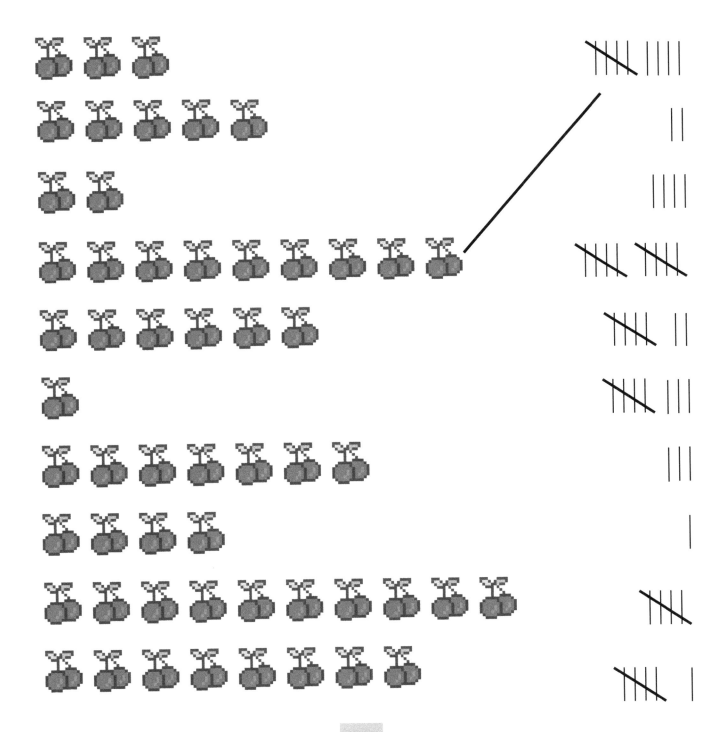

Pig

Color it up!

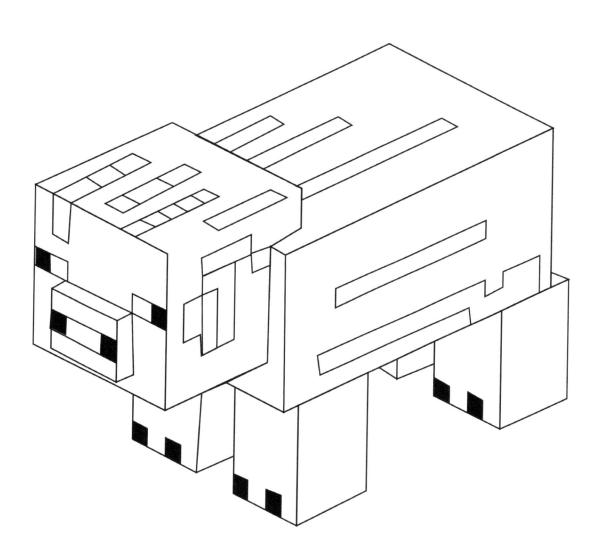

Blocks and Stones

INVENTORY   OBSIDIAN   PISTON   SANDSTONE   COBBLESTONE   COBWEB

Across

2. I can push other blocks!
4. A dark purple block.
5. Sometimes can be confused with the blackstone.
6. This is where you manage the items that you carry.

Down

1. Slows down entity movements.
3. You can find me in deserts and beaches.

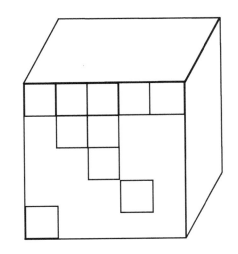

Chicken

Color it up!

Fruit Maze

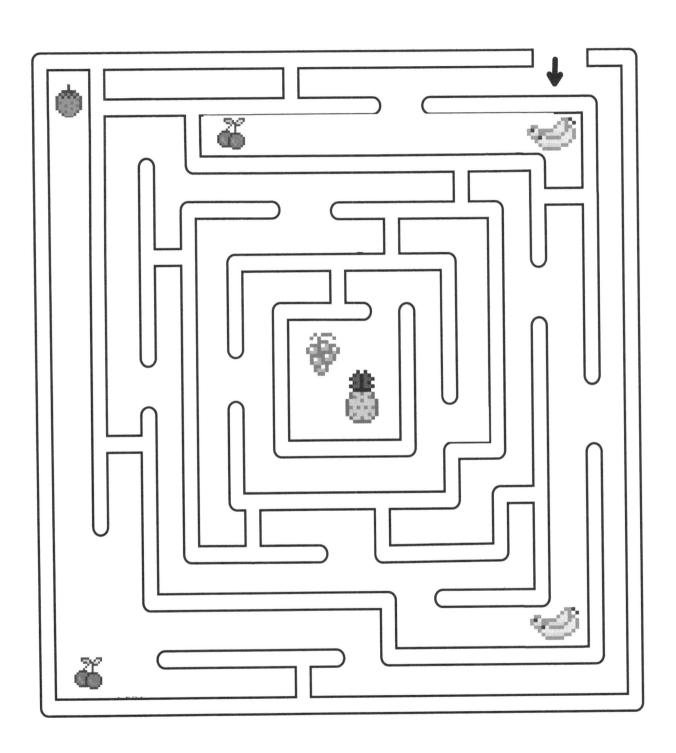

Rare Recipes

Find the words!!

E	U	T	I	I	K	N	S
T	G	B	Z	X	Y	N	P
E	T	S	J	P	O	E	V
R	E	Z	J	I	I	L	H
C	H	U	T	J	D	E	I
N	I	O	V	O	R	K	L
O	P	B	E	A	C	O	N
C	J	N	N	N	E	B	C

BEACON   CONCRETE   PIE   POTIONS

Cow

Color it up!

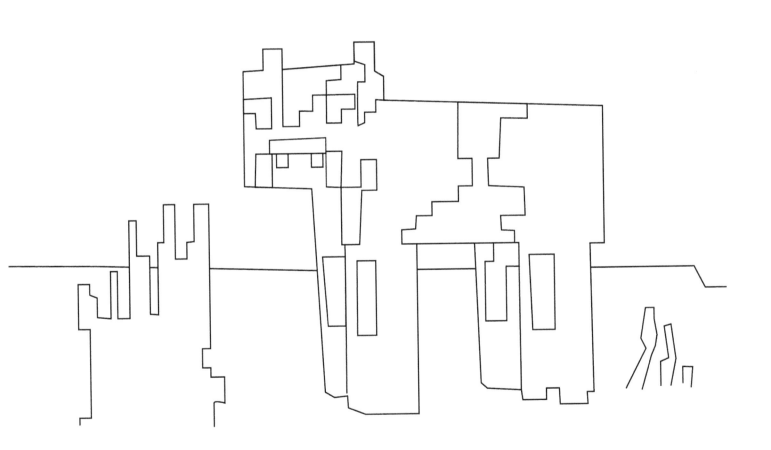

Help Steve get to the chest!

Who?

Join the dots to discover the character!

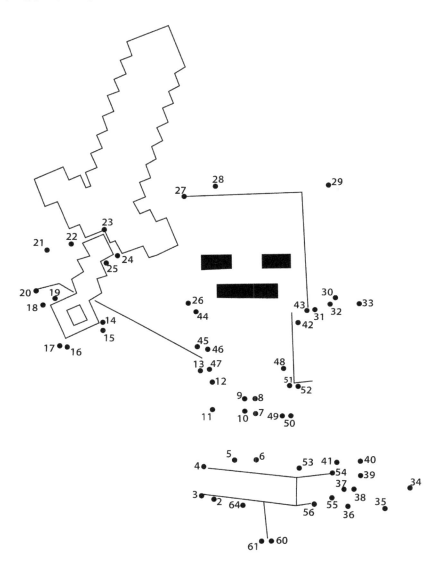

Donkey

Color it up!

Help the chicken!

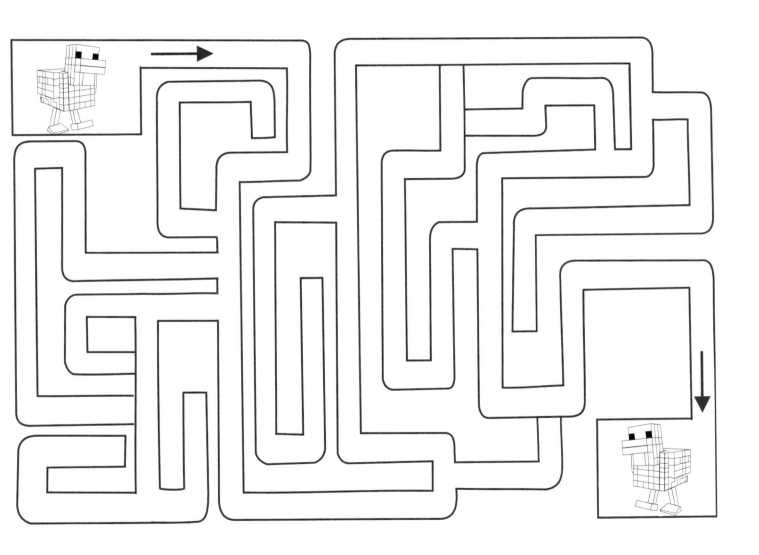

Ocelot

Color it up!

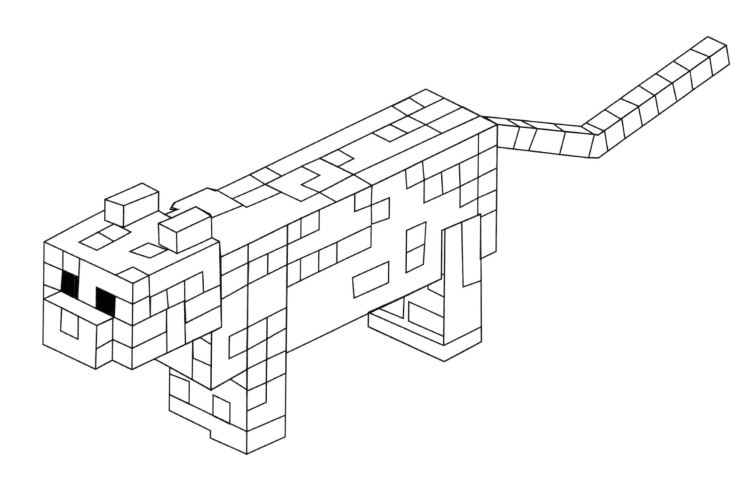

Which have the same

✏️ Circle whether the groups have the same or
a different number of strawberries

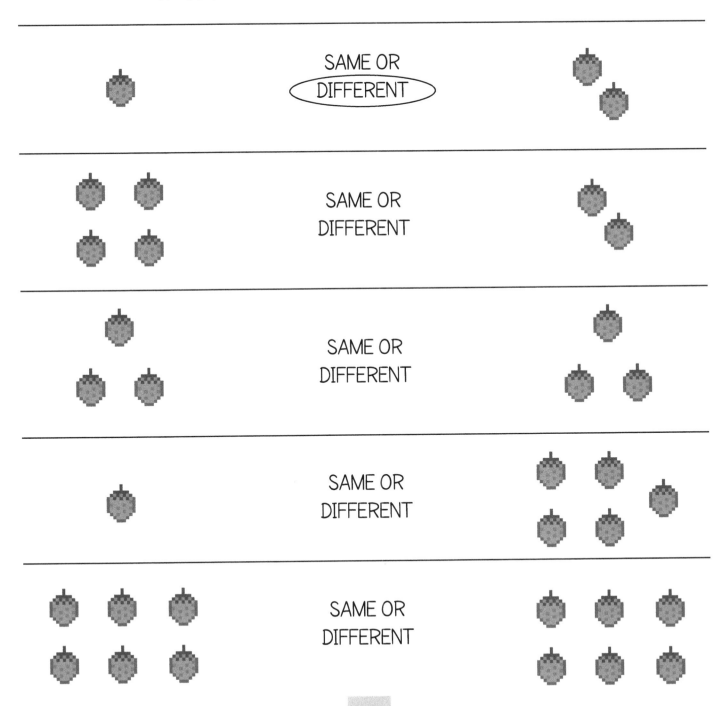

SAME OR
~~DIFFERENT~~

SAME OR
DIFFERENT

SAME OR
DIFFERENT

SAME OR
DIFFERENT

SAME OR
DIFFERENT

Get the Bat home!

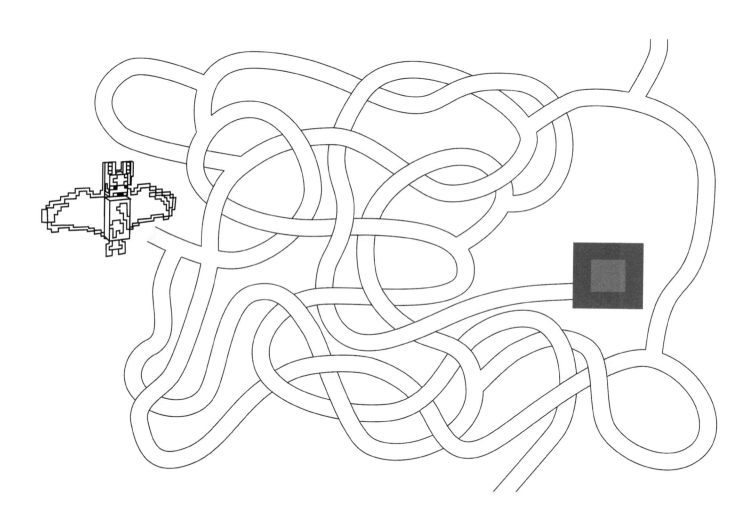

Bee

Color it up!

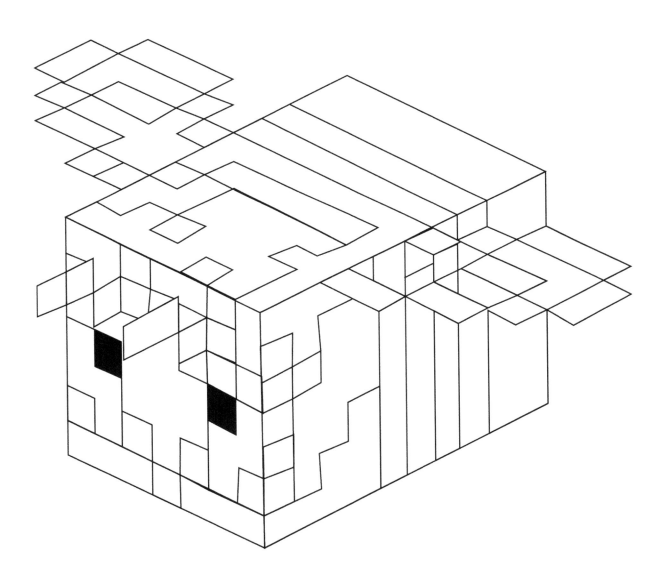

Grab Your Weapons!

Find the words!!

A P C A Q W V H

O R R X U P H Q

N R R E L I N V

R Y D O Z R O Y

A M V U W F S W

C R O S S B O W

V C L V O S J C

U I F W Q D O W

| ARROW | CROSSBOW | AXE | BOW |

Horse & Carrots

Who?

Join the dots to discover the character!

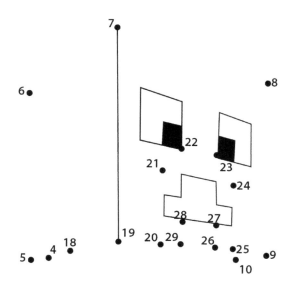

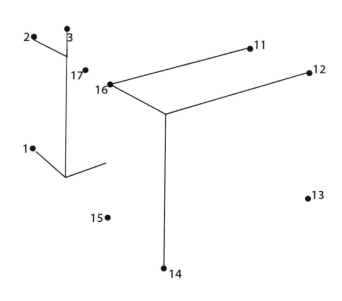

Piglin

Color it up!

Help the Polar Bear find the tree!

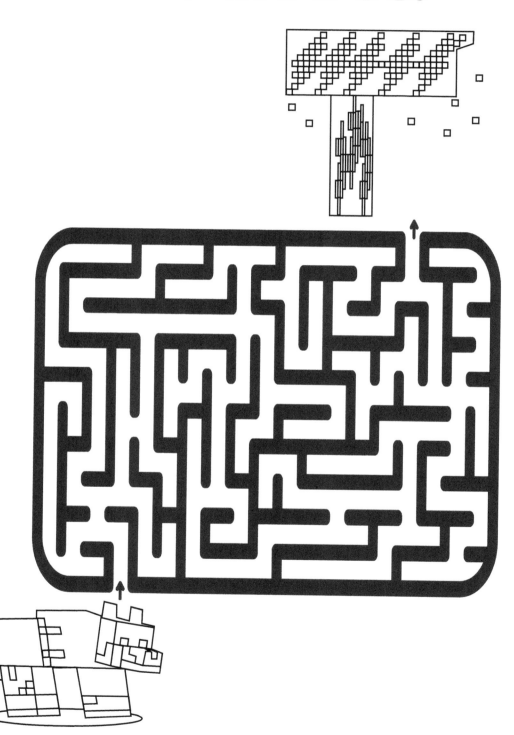

Turtle

Color it up!

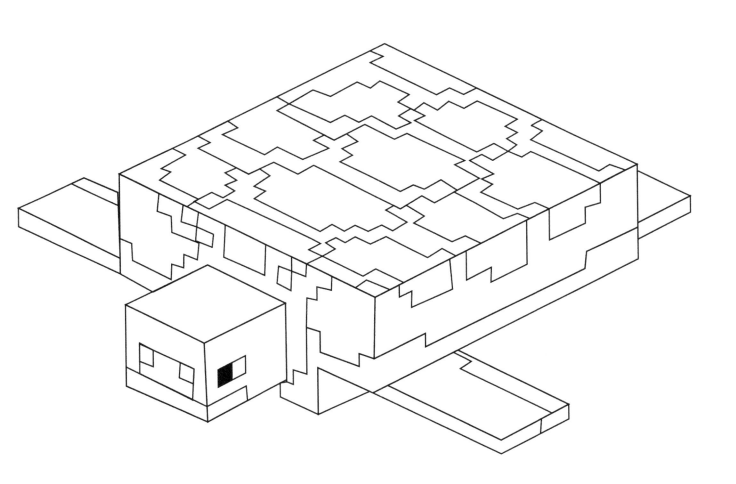

Help the Llama reach the apple

Wandering Trader

Color it up!

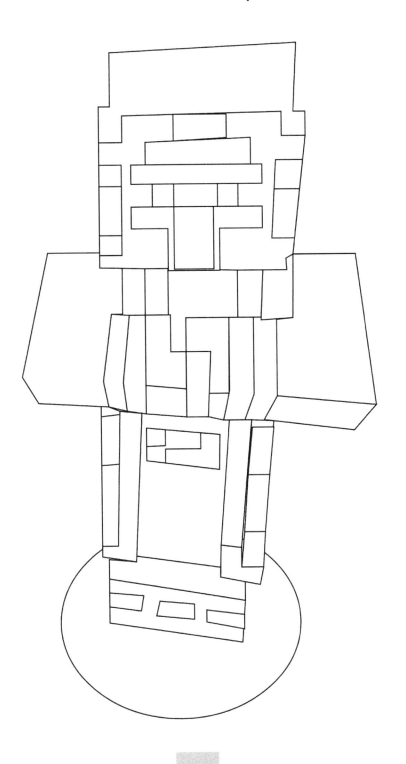

Who?

Join the dots to discover the character!

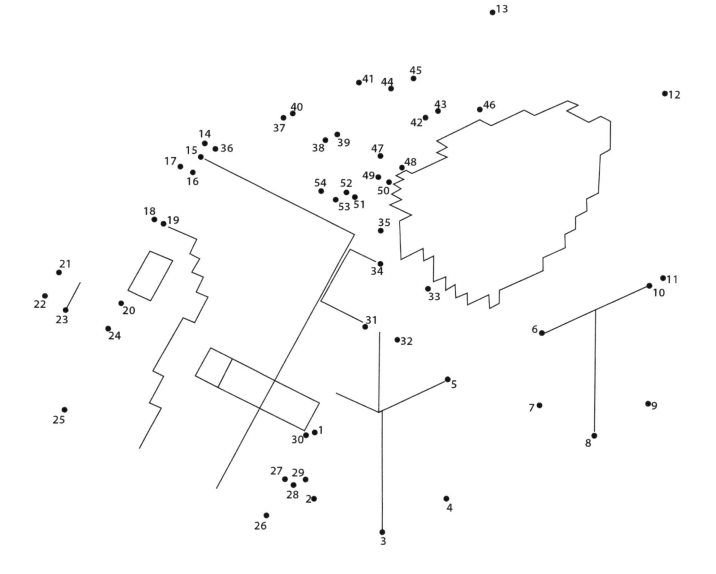

Image Subtraction

✏️ Find the difference between the groups.

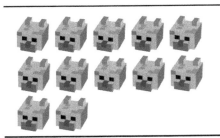 - (group of 10) = $\boxed{2}$

(group of 7) - (group of 6) = ☐

(group of 10) - (group of 8) = ☐

(group of 8) - (group of 4) = ☐

(group of 15) - (group of 7) = ☐

Horse

Color it up!

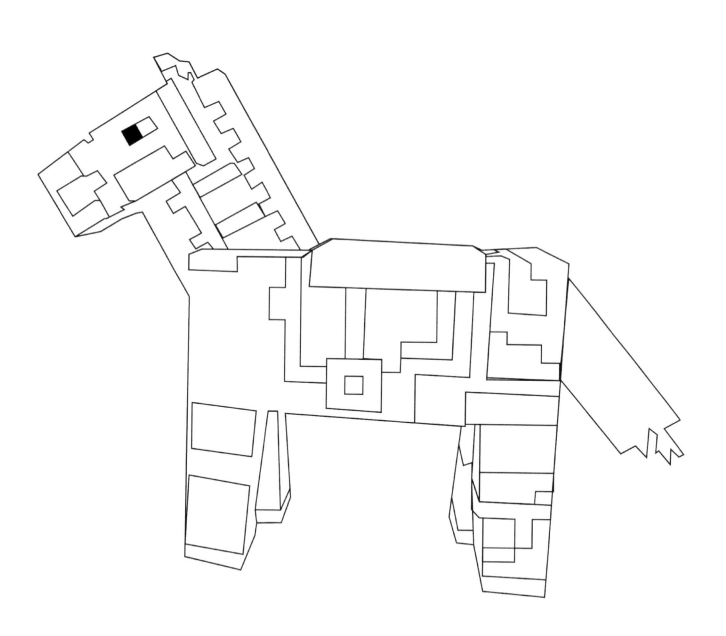

Friends and Mobs!

| STEVE | VILLAGER | TURTLE | ALEX | CREEPER |

Across

2. I've got red hair and a ponytail!
4. Slow as a _____.
5. Their noses are really long.

Down

1. It explodes!
3. The main builder in the game.

Enderdragon

Color it up!

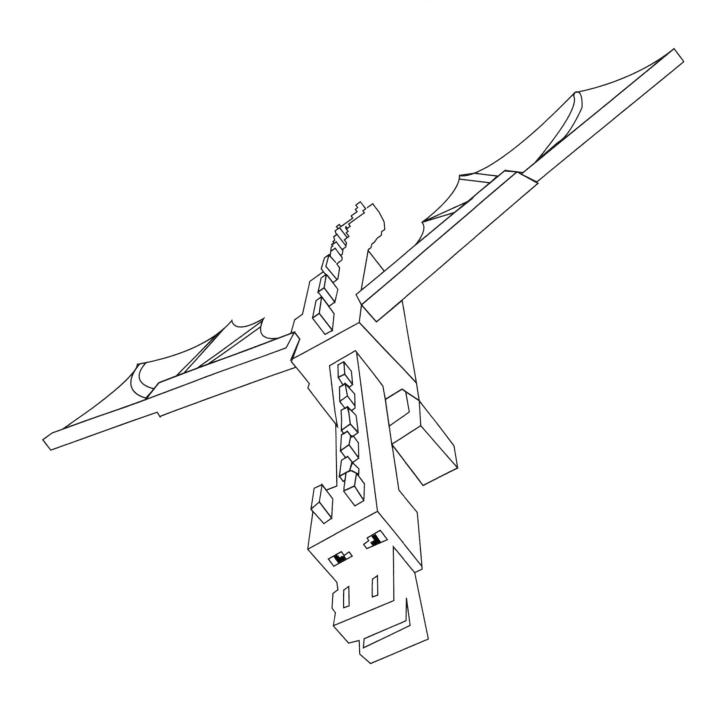

Items

Find the words!!

D E B S E T W D

E N E I X Y O L

S Y O T R Q S A

D W Z M B V V R

P T F U A S Q E

Z G L S L I Z M

W X V K H Q D E

L A O C R A H C

CHARCOAL   DIAMOND   DYE   EMERALD

Iron Golem

Color it up!

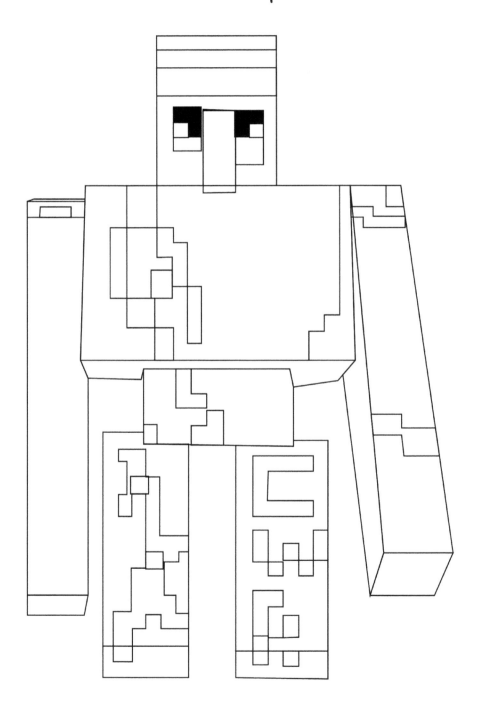

Where's the Star?

✏️ Use positioning words (above, below, right, left, behind and inside) to describe where the star is in relation to the person.

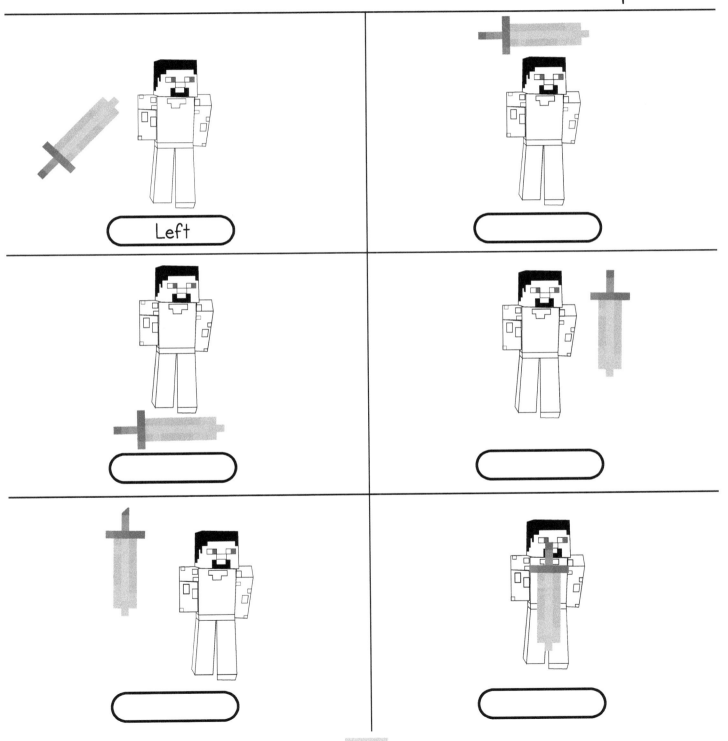

Left

Fractions Coloring Mystery

Below is a hidden picture that can only be revealed if you solve the fractions in each square. Color each square according to its matching fraction to see the picture. When it's done, you should see a well-known Minecraft monster!

Black = 1/2   Green = 1/4   Blue = 1/3

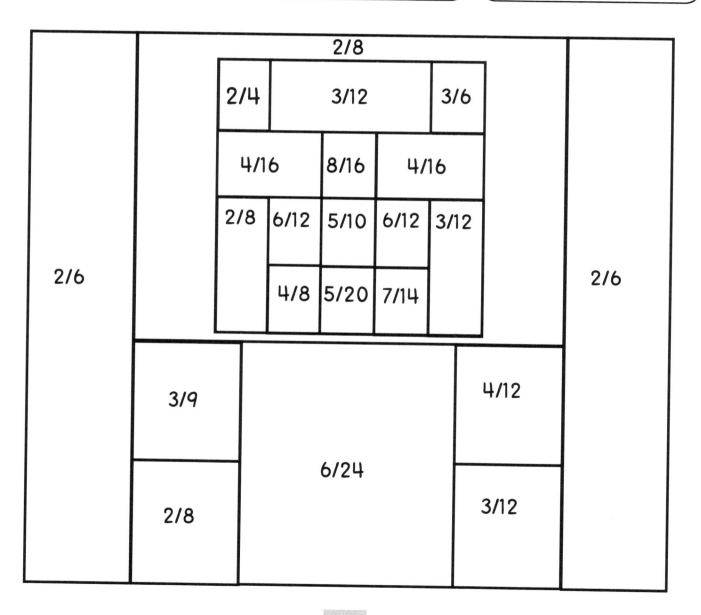

Be sure to check out my other series for clues, hints, and more **AWESOMENESS!**

Thanks again for being part of the Crafty Universe. Don't forget to drop a review to get listed in our Hall of Fame, listed in our fiction books (we won't be doing it forever!).

CPSIA information can be obtained
at www.ICGtesting.com
Printed in the USA
BVHW052032121221
623864BV00012B/585